中国书籍发展简史

吉林出版集团有限责任公司

吉林文史出版社

◎ 主编 金开诚

◎ 编著 王允雷

图书在版编目（CIP）数据

中国书籍发展简史 / 王允雷编著 . 一长春：吉林
出版集团有限责任公司，2011.4（2022.1 重印）
ISBN 978-7-5463-4963-3

Ⅰ . ①中… Ⅱ . ①王… Ⅲ . ①图书史 – 中国 Ⅳ .
① G256.1

中国版本图书馆 CIP 数据核字（2011）第 053399 号

中国书籍发展简史

ZHONGGUO SHUJI FAZHAN JIANSHI

主编/ 金开诚 编著/王允雷
项目负责/崔博华 责任编辑/崔博华 高原媛
责任校对/高原媛 装帧设计/柳甬泽 徐 研
出版发行/吉林文史出版社 吉林出版集团有限责任公司
地址/长春市人民大街4646号 邮编/130021
电话/0431-86037503 传真/0431-86037589
印刷 / 三河市金兆印刷装订有限公司
版次 /2011 年 4 月第 1 版　2022 年 1 月第 5 次印刷
开本/640mm×920mm 1/16
印张/9 字数/30千
书号/ISBN 978-7-5463-4963-3
定价/34.80元

前　言

　　文化是一种社会现象，是人类物质文明和精神文明有机融合的产物；同时又是一种历史现象，是社会的历史沉积。当今世界，随着经济全球化进程的加快，人们也越来越重视本民族的文化。我们只有加强对本民族文化的继承和创新，才能更好地弘扬民族精神，增强民族凝聚力。历史经验告诉我们，任何一个民族要想屹立于世界民族之林，必须具有自尊、自信、自强的民族意识。文化是维系一个民族生存和发展的强大动力。一个民族的存在依赖文化，文化的解体就是一个民族的消亡。

　　随着我国综合国力的日益强大，广大民众对重塑民族自尊心和自豪感的愿望日益迫切。作为民族大家庭中的一员，将源远流长、博大精深的中国文化继承并传播给广大群众，特别是青年一代，是我们出版人义不容辞的责任。

　　本套丛书是由吉林文史出版社和吉林出版集团有限责任公司组织国内知名专家学者编写的一套旨在传播中华五千年优秀传统文化，提高全民文化修养的大型知识读本。该书在深入挖掘和整理中华优秀传统文化成果的同时，结合社会发展，注入了时代精神。书中优美生动的文字、简明通俗的语言、图文并茂的形式，把中国文化中的物态文化、制度文化、行为文化、精神文化等知识要点全面展示给读者。点点滴滴的文化知识仿佛颗颗繁星，组成了灿烂辉煌的中国文化的天穹。

　　希望本书能为弘扬中华五千年优秀传统文化、增强各民族团结、构建社会主义和谐社会尽一份绵薄之力，也坚信我们的中华民族一定能够早日实现伟大复兴！

目录

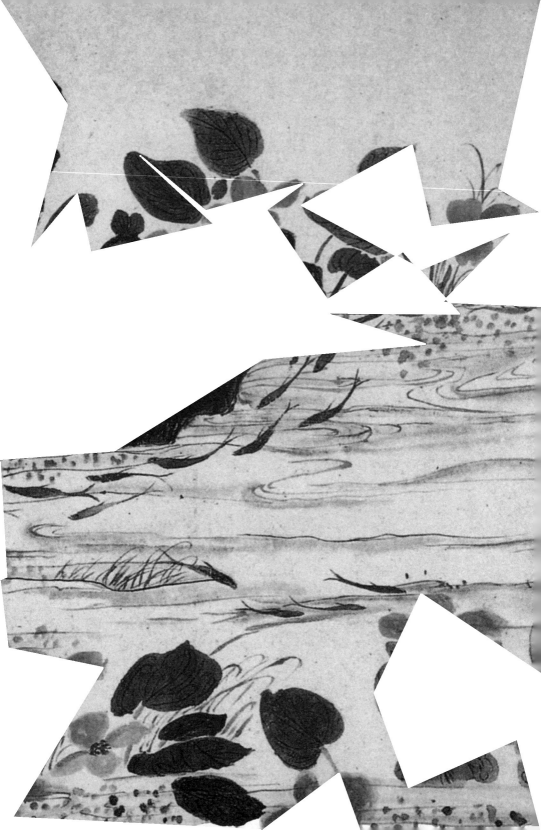

一、文字的起源与书籍的产生

（一）语言和记事

我们伟大的祖国有着悠久的历史，几十万年前，我们的祖先就已经在这块土地上生存和繁衍。最初并没有可以记录语言的文字，因为书籍构成的最基本条件是文字，没有文字也就没有书籍存在的可能。文字不是伴随人类产生而产生的，它的产生、发展、演变，一直到成熟，经过了一个相当漫长的时间。

在文字产生前的社会中，我们的祖先靠大脑来记忆，交流是靠声音和动作完成的。经过长期的实践活动，表达思想的声音渐渐定型，为更多的人熟悉、掌握，就形成了最初的语言，但是语言有很大的局限性，一说出来就消失得无影无踪了，如果交流的人距离太远，就听不清楚，甚至根本听不到。就是说语言在时间和空间的传播中有可能受到限制，仅仅靠语言让人们了解远处或者过去的事情是很难的。为了解决这个问题，人们把记忆中需要传播的知识、劳动经验或者需要记住的重大事件，用简单的语言概括出来，这些就是口诀、谚语、故事、歌谣等等。口耳相传，代代相承。如我们了解的开天辟地、造人补天、钻木取火这些有趣

的故事最初就是靠这样的方式流传。可是记忆也有它的弱点，时间长了，人们可能就忘记了；或者经过多人的口耳相传，事情已经改变了本来的面目。为了克服这样的缺点，人们想到了一个更好的方法，那就是把绳子打成各式各样的结或者在木头上刻些符号来记事。

结绳、刻木这类方法，世界上很多民族在其文明进程中都曾经使用过。就我们国家来看，不同民族也实行过不同的实物记事方法。《周易》中有这样一句话："上古结绳而治，后世圣人易之以书契。"这句话的大意是：上古以结绳记事的方法来治理社会，后世圣人将结绳换成了书契。《庄子》中也有"当是时也，民结绳而用之"的描述。这都说明，我国上古时期确实普遍流行过"结绳记事"之法。我国少数民族

在发展的历程中也曾经结绳记事，外国一些国家也流行过。

秘鲁人的结绳记事是非常讲究的。他们在一条主绳上系上颜色不同的细绳，记录不同的事物。红色代表军队，黄色代表黄金，白色代表白银，绿色代表粮食。绳子上打结表示不同数目。一个单结是10，两个是20，一个双结是100，两个双结则是200。而且当时还有专门管理结绳记事的官员，负责解释结绳的意思。

　　在我国少数民族中间还流行过刻木记事法。在一块木板上刻着大小不等的锯齿，每个锯齿都代表一件事情。缺口深的，表示事情重大；缺口浅的，代表事情较小。

　　除了结绳刻木记事以外，我国的苗族在历史上，曾经用细木棍夹鸡毛、绳子、辣椒，表示出现紧急情况。这样表达的意思比结绳刻木就复杂多了。

　　结绳或刻木，都是为了加强人们的记

忆，让那些需要记录的事情更清楚地流传下来。可惜这些方法也不能满足人们的需要，真正能够超越时空传播的语言工具，只有文字。结绳、刻木这些方法，为文字的产生奠定了重要的基础。

文字的前身是我们的祖先用于交流的图画。考古学家们说，早在旧石器时代，我们的祖先就在他们居住的洞穴中的岩壁上画画，这些画在今天看来也能明确地知道他们要表达的意思。例如要去采集野果，他们就在岩壁上画下一些果实，这样洞穴里的人们就知道：大家要一道去采集果实。最初的时候这些图画是非常写实的，等到人们渐渐熟悉这些图画所表示的意思了，用简单的几笔勾勒出来一个轮廓，大家也就明白了。这些简单勾勒表示某种事物的具有符号色彩的图画就与文字更加接近了。

关于汉字的起源有种种传说，中国古书里都说汉字是仓颉创造的。传说仓颉

看见一名天神，相貌奇特，面孔长得好像是一幅绘有文字的画，仓颉便描摹他的形象，创造了文字。还有的说，仓颉观察鸟兽的脚印，发明了文字。古书还说，仓颉创造出文字后，"天雨粟，鬼夜哭"，因为他泄漏了天机，天落下了小米，鬼神夜夜啼哭。这些传说当然是靠不住的，汉字是我国古代劳动人民根据生活实际，经过长期生产和生活实践才慢慢丰富和发展起来的。

（二）书籍的雏形

我们这里所说的书籍雏形，也可以称作初期书籍，主要指早期的文字记录，这些档案性质的材料主要有甲骨文、金文、石刻文字等。说它们是书籍的雏形主要是因为它们缺乏正规书籍的完整概念，却又是当时人们思想支配下对某种活动的真切记录，是有条理的文字显现。

多多少少具备了书籍的某些因素，因此我们可以把它们称为书籍的雏形或者初期书籍。

中国的初期书籍可能在3000年前的殷商时代就产生了，可惜能够保存下来、传之后世的就少之又少了。当我们描述中国初期书籍的时候大多以甲骨文、金文、石刻文字为例，但是绝不意味着初期书籍就是这时候产生的。初期书籍确实产生在正规书籍之前，但是正规书籍产生以后仍然有初期书籍的沿用。

1.甲骨文书

把文字刻在龟甲和兽骨上，在中国

有几千年的历史了。现在能见到的最早的甲骨文字是一百多年前在河南安阳出土的。

一百多年前，河南安阳小屯村附近，农民在耕地、挖土时，常常发现大小不等的甲骨。当时农民迷信不懂，就说是龙骨，并且传言可以治病。时间久了，殷墟的甲骨被卖到北京了，正式成为中药。1899年，刘鹗到北京拜访当时的国子监祭酒王懿荣，正赶上王懿荣抓药治病，其中有味药正是"龙骨"。刘鹗发现"龙骨"上刻有文字，认定那不是什么中药，而是文物。于是刘鹗开始收集、研究甲骨，从此

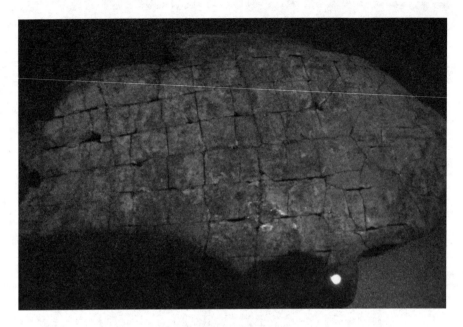

甲骨便成了文物收藏家搜罗的对象。一百多年来，大概有十万片刻有文字的龟甲和兽骨从殷墟被发掘出来。

1976年，考古队在对陕西周原地区进行考察的时候，又发掘了一批西周早期的甲骨，大约一万五千片。其中也有带文字的，很有趣的是，这些文字比殷墟甲骨的文字小得多，要用放大镜才能看清楚，可见当时刻写甲骨的技术已经非常精湛纯熟了。商周时代的甲骨，只有少量记事性的文字，而单纯记事的甲骨是少数，绝大多数还是记录占卜的结果。

　　用龟甲和兽骨占卜并把得到的结果和是否应验刻在龟甲或兽骨上是我国上古时期的一种习俗。殷商时代，由于科学水平不高，所以占卜之风盛行。凡遇到国家的战争、狩猎、农事、灾害、祭祀等事，都要先占卜。

　　占卜的方法是在占卜前将龟甲的背面钻出圆形小坑，或者凿成菱形的浅槽，但是都不能钻透。把要问卜的事情先向神说明，然后用燃烧的木棒在小坑的中央或者浅槽的边缘炙烤。甲骨受热后就出现了形状各异的裂纹，这些裂纹就是卜兆，也就是神灵的旨意。然后占卜者根据裂纹的模样来判断战争胜负、狩猎得失、农业丰歉等。占卜完毕后，要把占卜的时间、事项、结果、占卜者姓名及是否应验刻在甲骨上。这些用过的甲骨由专人在骨片中间钻孔，串联成册，有次序地保管起来。可见此时的甲骨已经有了记事内容，装订形

式颇有些正规书籍的特征。

2.金文

在甲骨文盛行的商周时代，也有刻铸在青铜器皿上的文字流行。当然，这也不能算作正规书籍。但是这些记载，无论从形式到内容乃至文字的多寡，都是甲骨文不能与之相比的。它的书籍特征更加明显了。

青铜是铜加少量锡制成的合金，铸造出来是青灰色的，因此被称为青铜。用青铜制造的器皿物什就是青铜器。刻在这上面的文字就叫"金文""铭文"或者"钟鼎文"。

在商周时代，青铜器是非常高贵的器具，是贵族的专用品。它的品类很多，有礼器、乐器、兵器等。特别是礼器，也称"吉金"，这是贵族们无比珍视的。而礼器中的大鼎就更加高级，它是权力的象征，也是国家的象征。失去了，就表明国家灭亡了。春秋战国时期，兼并战争频发。如果一国灭亡，总要"毁其宗庙，迁其重器"，而战争中即将失败的国家就设法把重器埋藏起来，只要这些重器不丢，就意味着国家没有灭亡，即便首都沦陷了，仍然有复国的可能。

早期的青铜器仅仅刻上主人的名字，后来贵族就把需要纪念的事情刻在上面。如此一来，铭文的文字数量大增。著名的毛公鼎上有铭文32行，共499字，被誉为"抵得一篇尚书"。其内容是周王为中兴周室，革除积弊，策命重臣毛公，要他忠心辅佐周王，以免遭丧国之祸，并赐给他大量物品，毛公为感谢周王，特铸鼎记其事。这些文字一共有五段：其一，此时局势不宁；其二，宣王命毛公治理邦家内外；其三，给予毛公宣示王命之专权，着重申明未经毛公同意的命令，毛公可指示臣工不予奉行；其四，告诫勉励之词；其五，赏赐与表扬。这些铭文从侧面反映了当时的社会面貌，是非常珍贵的史料。

3.早期石刻文字

在石头上刻写文字，是上古很多民族都有的习俗。在现存的石刻中，最早是唐朝初年在陕西天兴（今陕西宝鸡）出土的十个鼓形的刻石。每个石头周身都有文字，人们称这些文字是石鼓文。这十个石鼓辗转各地，流传千年，目前存放在北京故宫博物院。由于长期的自然、人为损坏，石鼓上的文字多不清晰，其中一石的文字已经消失得无影无踪。石鼓上的诗歌是歌功颂德的，是有意创作的诗文；文字的载体虽然是石头，但都经过比较细致的加工，造型似鼓。这些文字虽不能像后世书籍那样可以展卷阅读，但是它所具有的书籍意味，已经远远超过甲骨文、金文了。所以我们把这些早期石刻文字也看做是初期书籍形式之一。

除了在石头上刻字，古人还在石片、玉片上刻字。古时候天子和诸侯，诸侯和

诸侯，诸侯与士大夫，甚至士大夫与奴隶之间，为了调和利益常常需要盟誓。立盟后将盟辞中的一份埋入地下，另一份藏于盟府。春秋后期，周王室衰微，奴隶制度风雨飘摇，盟誓更加频繁。1965年在山西侯马出土了大批春秋晚期的盟书，其中三分之一是玉质，三分之二是石质，共有五千余方。它们上尖下方，宽度不等，上有用毛笔写就的红色、黑色字。根据专家考证，这些文字大多与赵鞅有关。赵鞅又称赵简子，是春秋时的大奴隶主，他所处的时代是我国社会由奴隶制向封建制过渡

的阶段。赵简子从奴隶主阶级中分化出来，代表地主阶级向旧势力发起进攻。当时的旧贵族发动反扑，赵简子就与同宗的人举行了一系列的盟誓。比如在战争中打败敌人，立功的奴隶可以成为自由民。盟书中还有限制奴隶主兼并土地和奴隶的内容，这在当时是非常进步的。这些石刻文字，虽然都是古人盟辞，还不是经过创作或编辑的正规书籍，却反映了当时的社会情况，也在一定程度上体现了书的作用。所以我们把这些石上的文字，也看成是初期书籍的形式之一。

在我国的封建社会，正规书籍也有把石头当做制作材料的。如把儒家的经典刻在石头上，汉代《熹平石经》是中国刻在石碑上的最早的官定儒家经本，一称"汉石经"。汉熹平四年（175年），蔡邕等奏请正定六经文字，得到灵帝许可。镌刻四十六碑，立于洛阳城南的开阳门外太学讲堂前。碑高一丈许，宽四尺。所刻经书有《周易》《尚书》《鲁诗》《仪礼》《春秋》和《公羊传》《论语》等。后来历朝历代又有三国魏《正始石经》、李唐《开成石经》、五代《蜀石经》、赵宋《嘉祐石经》《御书石经》等。也有把佛教经典刻在石头上的,有摩崖、经幢等,如井陉摩崖石刻至今已经有上千年的历史了。也有将道家经典刻在石头上的。2007年,湖南省发现了一块巨大的花岗岩摩崖石刻,该摩崖石刻高2.3米,宽3米,共有三方石刻组成。主体石刻《还丹赋》,除标题和末行,每行15字,共25行,353字。除了主体石刻《还丹赋》外,还有两方用以说明石刻《还丹赋》由来的小石刻,分别刻于北宋壬戌年和南宋绍兴辛酉年。考古专家以此断定,主体石刻的时间最迟不晚于南宋绍兴辛酉年。与早期的石刻文字不同,这些文字石刻已经是地地道道的以石头为载体的书籍了。

二、书籍的发展
和演变

（一）正规书籍问世

所谓正规书籍，就是以传播文化、阐述思想、介绍经验等为目的，经过精心编撰和创作，用文字刻、写、印在一定材料上的著作物。

虽然有了以上的标准，但是正规书籍是什么时候产生的，仍然没有定论。我们只能通过现在已经掌握的一些史实来了解正规书籍产生的大致情况。

西汉时期的孔安国认为正规书籍早在伏羲氏时代就产生了，他在《尚书序》中说："古者伏羲氏之王天下也，始画八卦，造书契，以代结绳之政，由是文籍生焉。"在序文中他还说："伏羲、神农、黄帝之书，谓之《三坟》……少昊、颛顼、高辛、唐、虞之书，谓之《五典》。"这段话的大概意思是，伏羲氏称王的时代就开始用"画八卦，造书契"的方法来代替以往的"结绳"记事了，这时候就有了书籍，伏羲、神农、黄帝时候的书称作《三坟》，少昊、颛顼、高辛、唐、虞时代的书，叫做《五典》。也就是说早在三皇五帝时代的原始社会，中国就有了正规的书籍。

《尚书》中又说："成周既成，迁殷顽民，周公以王命诰……惟殷先人，有册有典，殷革夏命。"这段话的意思是说，周朝在洛阳建立城池，将原来一些不服从周朝的殷商贵族迁徙到靠近王都的地

方，以便对他们进行管理，一些顽固的殷朝遗民，有怨言，不服从管理，此时周公出来训话，说："你们自己也知道，你们的祖先也有册书典籍，那些册书典籍记载了殷朝推翻夏朝时，也曾迁徙夏代的顽民，现在我们做的事情不过是你们祖先已经做过的事情而已。"也就是说殷商时代也有记载一些政事的书籍。

如果说正规书籍产生在三皇五帝时期，那么为什么到了西汉孔安国为《尚书》写序言的时候没有留下实物呢？孔安国是这样解释的："先君孔子生于周末，睹史籍之烦文，惧览之者不一，遂乃定《礼》《乐》，明旧章；删《诗》为三百篇；约史籍而修《春秋》……"孔安国的意思是以前的书籍经过孔子的修订，成为《礼》《乐》《诗》《春秋》这类书流传后世。

　　《史记·孔子世家》说:"古者《诗》三千余篇,及至孔子,去其重,取可施于礼义……以备王道,成六艺。"就是说,古代的时候《诗》中的内容是有三千多篇的,到了孔子的时候,孔子根据一定的要求,对《诗》进行了删减,这就是历史上的"孔子删诗说",这种学说从汉至隋,历代学者及有关史志对此皆深信不疑,且有不同程度的补充和解释说明,直到后来才有人对此说提出疑问。孔子是否真的有"删诗"的事迹,是非常值得研究的。我们首先要看一下孔子生活的年代。

孔子名丘，字仲尼，山东曲阜人。生于公元前551年，卒于公元前479年，他生活的时代正好是春秋末年，这个时候，正是周王室衰微，群雄并起的时代。我们或许可以大致推断，正规书籍产生在孔子生活的春秋末年以前，距今2500年的时候。我们还可以从其他史籍中找到线索，《左传》上说周景王元年（公元前554年），吴国公子季札到鲁国观乐。根据《左传》记载，所观之乐，其分类名目、先后次序等，都与今本《诗经》一致，而公元前554年的时候，孔子只有8岁，这表明在孔子之

前,《诗经》已经成书, 并广泛流行。

　　还有就是关于《春秋》的成书,《史记》中说, 孔子一生都在宣扬他的政治主张, 可惜在那个群雄并起的时代, 他的政治主张没有被诸侯采纳, 晚年的孔子回到家乡整理了《春秋》, 说明在孔子以前《春秋》就已经问世, 孔子只是做了些整理、编定的工作。实际上在当时, 鲁国官方记载的历史就叫《春秋》。这些事实证明, 在孔子生活的春秋末期以前, 已经有正规书籍出现了。

　　可惜的是，我们无法知晓这些产生于孔子之前的书籍究竟出自何人之手。我们只能根据当时的历史条件大致推断。殷商和周初时代，朝廷都有专门记录史实、保管档案的官员。当时收藏、阅读图书，乃至编写书籍都是少数人的事情，这些权力只能属于少数统治阶级。

　　正规书籍产生以后，知识的传播进一步打破时间和空间的限制而范围更加广泛，春秋后期，少数人垄断知识的局面逐渐被打破。

特别是孔子，他提出了"有教无类"的先进思想，让更多的人有了接受教育的机会。从此"学在官府"的局面被打破，中国进入"天子失官，学在四夷"的时代。

（二）书籍的发展和演变

无论什么时代，只要有书就必须有作者的创作，作者的创作是书籍生产中的最重要环节，作者则是历史长河中各时期的知识分子，而知识分子的思想和感情以及认识世界的角度和立场、改造世界的能力和方法都有时代和阶级的烙印。历代的书籍创作既可以反映作者的思想，也反映了各时代的风气，书籍的发展和演变的历史能让我们看到这一点。

孔子生活的春秋末

年，特别是战国时期以后，奴隶制迅速向封建制转化。封建地主阶级兴起，但是力量仍然是薄弱的，他们要求打破原有的奴隶制以期获得更多利益，而站在对立面的奴隶主阶级虽然已经是日薄西山，但是也不甘心自动退出历史舞台。地主阶级要求打破，奴隶主阶级需要维护，双方对阵，各自都有自己遵守的学说，各派别各抒己见，各述主张，于是在中国思想史上形成了一个空前活跃繁荣的时期，后世称为"百家争鸣"。

战国时代的百家争鸣其实是不同阶级、阶层提倡不同政治路线的论争，在论争中，为了适应某一阶级或阶层的需要，彼此之间竭力宣传自己的主张，一边战胜对方，彰显自己，争取被当权者采纳，以实现自己"治国"之理念。正是这样活跃的论争，产生了大批私人撰写的著作，这是中国书籍生产的第一个高峰。道家、儒家、墨家、法家、农家、名家等等，他们都有宣示自己主张的著作。与此同时，其他诸如医药、文学、天文、历法、农业、历史等书籍也大放异彩。

这时期的著作，特别是诸子百家的书籍，一般都思辨色彩浓厚。在《孟子》中记载着一段孟子与其弟子公都子的对话。

"外人皆称夫子好辩论，敢问何也？""予岂好辩哉，予不得已也。"

意思是孟子的弟子公都子问孟子："他们都说您好与他人争辩，这是为什么？"孟子说："我不是好辩，我是不得已而为之啊。"

后人给这段话作注解的时候解释了孟子为什么说他的好辩是不得已的,"欲救正道,惧为邪说所乱,故辩之也"。孟子说自己好辩的原因是为了维护正道,这两句话正好代表了先秦诸子们的心境。

其实不仅仅是诸子散文有好辩色彩,即便是当时的文学作品也有类似特征,比如屈原的《离骚》《天问》等作品也展现了思辨的时代气息。由此,我们可以知道,书籍自产生伊始,就与社会、经济、政治、军事有着千丝万缕的联系。

战国末期，随着兼并战争的不断深入，当时的中国版图上有七个实力最雄厚的诸侯国，分别是齐、楚、燕、韩、赵、魏、秦。直至公元前221年，秦统一了六国，建立了中国历史上第一个中央集权君主专制国家。秦统一后，书同文、车同轨、统一度量衡，这些举措促进了各地区之间的文化交融。然而秦朝却是个短命的王朝，加之秦始皇焚书坑儒，秦代并未有很好的书籍传世。

秦朝末年，农民起义军揭竿而起，社会动荡不安，后来刘邦统一中国，建立汉朝。汉朝的开国者们有相当一部分人出自社会下层，他们都经历了农民起义，非常了解农民起义的强大力量，为了吸取秦朝短命的教训，汉朝统治者采取了"休养生息"的政策，汉初经济很快得到恢复、发展。更重要的是，此时的文化政策也是相当开明，在秦代被强力镇压的儒家学派、

汉高祖刘邦

黄老学派、刑名学派等等，在这一时期都得到统治者不同程度的青睐，也出现了一批彪炳史册的政治家和文学家。比如贾谊、晁错、枚乘等等，他们写了很多政论文和文学作品。由西汉初年的情况我们可以大致了解，经过秦末大动荡以后，西汉初年书籍的创作有所复苏。

汉代前期的几位皇帝，特别是文帝、景帝都是比较有作为的皇帝，他们持续地推行汉初提倡的"休养生息"政策，爱惜民力，鼓励农业发展。到了汉武帝时期，已经积累了大量的社会财富，国力也是空前强盛。而汉武帝本人堪称雄才大略，他凭借手中权力，实行"罢黜百家，独尊儒术"的政策，使战国以来形成的"百家争鸣"局面逐渐结束。经过董仲舒改造的和按

照统治者需要解释的儒家学说和儒家经典，成为官方遵循的思想和推行的经典著作。以此为界，直至清朝末年，在中国历时两千多年的封建社会中，儒家思想尽管受到各方挑战，却始终处于统治地位，书籍的创作也受到儒家思想的限制，注经、考证等有关经学著作，历朝历代层出不穷。

东汉末年，国家再次陷入分裂局面，而此时却也是中国文学史上最辉煌的一

页。因为当时汉献帝的年号是"建安"，所以这一时期在文学史上被称作"建安时期"；而这一时期诗歌所表现出来的特色，被称为"建安风骨"。三国的统治者们都经历了当时席卷中国的黄巾起义，目睹了人民的力量，加之他们的出身也并非贵族，而是代表了当时中小地主阶级的利益，文学思想也就体现了他们的阶级趣味。曹操和他的儿子曹丕、曹植在历史上被称为"三曹"，他们周围聚集了很多著

名文人。他们共同向乐府民歌学习,创作了大量优秀作品,打破了两汉时期词赋独领风骚的局面。"三曹"和追随他们的文人,是亲历了汉末大动荡局面的,他们对战争给百姓带来的痛苦感同身受,对人生无常有着强烈的感叹。所以他们的作品不但表现了那个时代的百姓的疾苦,也表现了改变动荡局面的雄心壮志。刘勰的《文心雕龙》曾经这样评价建安时期的文学作品:"观其时文,雅好慷慨;良由世积乱离,风衰俗怨,并志深而笔长,故梗概而多气也……"

试看这一时期的作品,常常慷慨激昂;由于长期的社会动荡,风气衰落,人心怨恨,因而作者情志深刻,笔意深长,作品也就常常激昂慷慨而气势旺盛了。

建安时期的作家敢于正视现实、反映社会动荡局面,也有忧国忧民之心,救民水火之愿。后世凡是在创作上反对浮华、注重现实的作家,多以建安风骨为范式。

李唐王朝是中国封建社会的鼎盛时期。与汉朝一样,唐朝的前代隋朝也是个短命王朝。开国伊始,唐朝统治者总结了隋朝覆亡的教训,采取了一系列较为开明的政策,使当时的经济文化很快得到恢复和发展。

李唐王朝,特别是它的前期,即开国到唐玄宗开元年间,朝廷采取了"兼收并蓄"的政策,各种思想、流派、宗教都可以自由发展和传播,佛教尤为兴盛,鉴真东渡和玄奘西游成为佛教传播史上的壮举。佛经的翻译水平和印数规模也是空前的。唐王朝的统治者姓李,为了神化自己,他们追认道家始祖老子为他们的远祖,并封为太上玄远皇帝。道教在这一时期也得到尊奉。甚至在唐朝一定时期的科举考试中，老子的《道德经》和庄子的《庄子》也被列入必读书目。

为了在思想上达到一统，以便于统治，李唐王朝非常重视提倡文学，尤其崇尚诗歌，并且有文学取士的科举考试制度。唐朝成为中国历史上诗歌发展的最辉煌时期。散文在陈子昂、韩愈、柳宗元的大力提倡下，也有辉煌成就，开唐宋八大家之先河。为了便于诗歌创作，供人们查找典故的类书和查找韵字的韵书也编纂问世。小说也由以前的志怪、灵异、逸

事等笔记类型的小说发展为唐人传奇式
小说。唐朝统治者还非常重视自然科学。
当时有专门学习数学的太学堂，从前代流
传下来的《周髀算经》《九章算术》等都
得到较好的整理并出版，供学生作为教
材使用。对儒家经典的整理也下了一番
苦功，当时政府组织孔颖达等一批经学
家，对《五经》加以疏正，编撰成书，颁
行天下，这就是我们今天见到的《五经正
义》。这说明在李唐一代，政治、经济、文
化空前繁荣的局面也体现在了书籍的创
作上。

史学大师陈寅恪曾说过："华夏民族之文化，历数千年之演变，造极于赵宋之世。"当我们了解宋代历史时，就会为当时的情况惊叹。

宋代李攸撰写的《宋朝事实》中曾经记载了一段宋太宗赵光义的话："朕每读《老子》，至'兵者，不祥之器，圣人不得已而用之'，未尝不三复以为规戒。王者虽以武功克定，终须用文德致治。"

这可以说是宋太宗对前代统治经验

的总结，意思就是说马上打天下，而不可马上守天下，守天下需以文德教化。

基于这样的统治思想，宋代统治者更加注重文化建设。宋真宗时期，官方指令撰写的书籍就有《崇儒术论》《崇释论》等。提倡佛、儒、道三教合一，相辅相成，因此对佛、儒、道三教经典的整理都出现了空前绝后的局面。宋代统治者起于藩镇，为了防止再次出现"藩镇割据，尾大不掉"的局面，宋代提倡文官政治，而官员的选拔主要是靠科举制度来完成的。宋代建立了一整套非常完善的科举制度，这样就极大地刺激了文人读书应考、谋取功名的雄心。他们潜心学术，倾心文章，崇尚文化。因而在诗歌、词赋、散文的创作上，都出现了极为繁荣的景象。而宋代的印刷技术经过毕昇改造后出

现了活字印刷术，为书籍的创作和印行带来了极大的便利。所以纵观有宋一代，凡是关乎佛、儒、道三教经典，史书、类书、丛书、诸家文集、笔记杂著、诗词歌赋，医术、药书、兵书、立法等方面的著作，都被大量编纂印行。可以说，宋代是我国书籍发展史上最辉煌的时期。

元朝统治者是游牧在北方的蒙古贵族，在广阔无垠的大草原上，他们熟谙弓

马，对于文化的建设，却并不热心。但在他们入主中原建立政权后，也实行了尊经崇儒、招贤纳士、兴办学校等一系列向前代学习的文治政策，在这些政策的鼓舞下，社会文化也有不同程度的恢复和发展。我们今天看到的二十四史中的《宋史》、《辽史》、《金史》尽出于此时。元代的史学，比起前代和后世，都不够发达，但是元政府编纂史书的任务却比任何一个封建王朝都重。因为在元之前曾经有辽、宋、夏、金存在。如何给这四朝编写历史，曾经争论多时。直到元顺帝至正三年（1343年）才下诏修辽、金、宋三史。但是由于时间仓促，在今天的史学家看来，这些史书的质量并不高。

元代最值得称道的文学样式是元曲。一般来说，杂剧和散曲合称为元曲，是元代文学的主体。不过，元杂剧的成就和影响远远超过散曲，因此也有人以"元曲"单指杂剧，元曲也即"元代戏曲"。元曲是中华民族灿烂文化宝库中的一朵奇葩，它在思想内容和艺术成就上都体现了独有的特色，和唐诗宋词鼎足而立，成为我国文学史上三座重要的里程碑。

与莎士比亚同时代的明代戏剧家汤显祖非常喜爱元曲，他搜集了许多元曲剧本，共有一千种左右。明代著名戏曲家臧晋叔选编的《元曲选》（其中选入少数明人作品）选录的元曲既富且精，又大多经过臧氏的加工整理，科白完整，并附有音释。在现存的一百五六十种元杂剧中，有很多优秀作品是依靠《元曲选》这部书得以保存和广泛传播的。这些史实足以证明元人杂剧著作之兴盛。现在我们知道的元代著名剧作家主要有：关汉卿、马致远、郑廷玉、尚仲贤、郑光祖等等。他们留下很多著名的杂剧，比如关汉卿的《窦娥冤》《救风尘》《望江亭》《拜月亭》《鲁斋郎》《单刀会》《调风月》等。郑光祖的《迷青锁倩女离魂》《㑇梅香骗翰林风月》《醉思乡王粲登楼》《辅成王周公摄政》《虎牢关三战吕布》等。元代杂剧对明代和明以后的戏剧创作有着深远的影响。

明朝是中国历史上汉族建立的最后一个封建王朝,其书籍创作和出版的数量,几乎是以前各个时代书籍生产的总和。明太祖朱元璋一即位就颁布了一道对书籍出版非常有利的政策——1368年八月,明朝廷宣布免除书籍税。

明朝官方还编修了著名的类书《永乐大典》,这部书的出现有非常强烈的政治目的。因为明成祖朱棣夺取了他的侄子建文帝朱允炆的皇位,从封建正统思想来看,这是大逆不道的,因此引起很多人的反抗和谴责。朱棣正是想借编撰大型类书的机会,炫耀文治,拉拢人心,消除朝堂和民间的不平。

《永乐大典》是一部皇皇巨著,共计22937卷,11095册,3.7亿字,用正楷抄写而

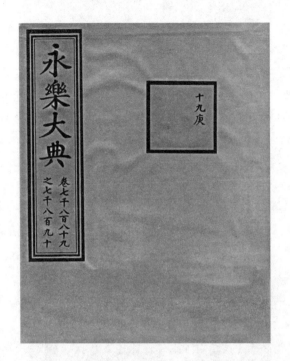

成，是当时世界上最大的百科全书。1900年八国联军侵华抢走、烧毁很多，现在全世界仅存四百多册。

唐太宗有言"以史为鉴，可以知兴替"。其实历代开国时都非常重视对前代灭亡经验加以总结以吸取教训，于是编修前代历史成为必然，明代也不例外。洪武元年（1368年），元朝灭亡当年的十二月，朱元璋便下令编写《元史》，并说："文辞勿致于艰深，事迹勿令于明白。"从这句话中可以得知，朱元璋非常重视历史的教化作用，要求文辞简单，事迹清晰，可以让更多的人看懂，也就扩大了影响力。值得一提的是，编写《元史》仅用了331天的时间，而雕刻印版也只用了100天的时间，这在中国出版史上是不多见的。或许我们可以这样想，这正表明了明代书籍编修、印刷技术的娴熟。

明中后期，资本主义萌芽在中国大城市中的个别产业里出现了，随着资本主义萌芽的发展，商业日益繁荣，人口众多的城市不断增加，市民阶层出现。市民阶层对精神文化有相当的需求，为了迎合市民的需求，戏剧、小说的创作也日益繁荣起来。

清代是中国历史上最后一个封建王朝，在二百六十多年的历史中，书籍创作最大的特点是考据学类书籍大量出现，古籍整理类书籍层出不穷，表达自我思想的书籍却少之又少。

清代的学术是由明代遗民顾炎武等人开创的，他们在

明朝灭亡以后，认真总结了明亡的原因。认为明朝灭亡的一个重要原因就是学术空泛，不能经世致用造成的。于是他们在实践过程中，重学问、重考据、重实证、重应用，直接为后来清代朴学大盛奠定了基础。

清朝前期的康、雍、乾三朝，为了维护统治、钳制思想，连续大兴文字狱，文人为了避祸，大多谨小慎微，钻入故纸堆中，以不厌其烦的考证来远离政治，逃避现实。

由此，我们可以知道清代考据学著作如此繁多，一是顾炎武等人提倡向实精神的积极影响，二是文字狱的消极影响。

与明代相似，清代也曾编写了大部头的书籍，乾隆年间，乾隆皇帝打着弘扬古代文化的旗号，广泛征集天下书籍。被征集来的图书待遇是不一样的：有反清复明思想的书籍，一律被销

毁，触犯清朝政治忌讳的书籍一律禁止流通。对于整本书文字尚可，个别文字有不利统治的书籍，则实行删改。所以有人说编写《四库全书》的过程是"寓禁于征"。

对于《四库全书》我们应该有个大致的了解：四库全书是部巨大的丛书，共计有三千四百余种书收入囊中，分为经史子集四部，当时共抄写了七部，这些书分别藏于北京紫禁城皇宫文渊阁、京郊圆明园文源阁、奉天故宫（今沈阳）文溯阁、承德避暑山庄文津阁，合称"内廷四阁"，或称"北四阁"。后来以江南乃人文

渊薮、人杰地灵之地，政府又组织抄写了四部，藏于南方的镇江金山寺建文宗阁，扬州大观堂建文汇阁，杭州西湖行宫孤山圣因寺建文澜阁，即"江浙三阁"或称"南三阁"。当我们细看这些藏书楼的名字会发现一个有趣的现象，多带有三点水旁，因为书籍是最怕火灾的，有了"水"则不再发生火灾。位于镇江金山寺的文宗阁因为曾有"水漫金山"的传说，就不再需要"水"了。

　　《四库全书》是现存最大的一部丛书，许多典籍多赖《四库全书》得以传世，所以说《四库全书》对保存中国古代的传统文化所作出的贡献是无可磨灭的。但是在《四库全书》编撰过程中，由于对当时存世的书籍区别对待，也导致大量图书禁毁，对典籍的任意删改，也对文化造成极大的破坏。所以有人说《四库全书》的编撰，既是功魁也是祸首。

三、书籍的生
产材料

一般认为书籍有两种形态，即意识形态和物质形态。当我们想把思想意识用文字书写出来，就必须寻找一种适合的材料。而文字的材料，也就是文字的载体，就是书籍的生产材料，也可以说是书籍的制作材料。

书籍从产生到现在经历了漫长的时期，并不是开始就用纸来书写和印刷的。纸书的问世，是书籍史上的分水岭。所以

我们将纸书的出现作为界限，分段讲述书籍的生产材料。

（一）纸书问世前的书籍生产材料

在没有纸书以前，书籍就出现了。从书籍诞生到纸书的问世，经历了一个漫长的时期。

我国初期书籍主要是甲骨文书、金文、早期石刻文字等。所以相应地，书籍制作材料以龟甲、兽骨、青铜器皿、石头、玉器为主。而随着要表述的内容逐渐丰富，文字也不断增加，龟甲、兽骨、青铜器皿、石头、玉器等材料的承载力已经远远不能满足人们的需要了，于是出现了可以承载更多内容的竹片、木牍、布帛。《墨子》说"书之竹帛，镂之金石，琢之盘盂"，就是说古代的统治者为了把治国之道传给后世子孙，就把这些文字写在竹简或布帛上，雕镂在金属（主要是青铜）器皿或玉、石材料上，雕琢在盘盂这类器皿上。《墨子》中还有这样的记录："何知先圣六王之亲行也？子墨子曰：'吾非与之并世同时，亲闻其声，见其色也，以其所书于竹帛，镂于金石，琢之盘盂，传遗后世子孙者知之。'"这是墨子在谈论自己的学习感受，他说自己并未与先圣六王同一时代，所以没有见到真人，听到真声，那么怎么知道他们的美好行为呢，靠的就是竹木简、金属器皿等上面留存的记载。

　　墨子并不是为了阐述当时书籍的制作材料，只是告诉人们哪些材料可以承载文字传之后世，正好从侧面说明了纸书问世前书籍的制作材料。

　　竹木作为书籍的制作材料，与龟甲、兽骨、金属相比较易腐烂，防腐对于保护写在竹木简上的文字是非常重要的。其实我们的祖先很早就掌握了竹木简防腐的技术，刘向在《别录》中说："新竹有汁，善朽蠹。凡作简策，皆于火上炙简，令

汗去青，易书复不蠹，谓之杀青，亦曰汗简。"后来人们就用"汗青"指代史册。宋代文天祥有诗云："人生自古谁无死，留取丹心照汗青。"

在竹木简盛行的时代，布帛也被用来制作书籍。帛书又名缯书，是以白色丝帛为书写材料，其起源可以追溯到春秋时期，现存实物以子弹库楚墓中出土的帛书为最早。子弹库楚帛书出土于1942年，宽38.7厘米，长47厘米，文字为墨书，共九百余字，字体为楚国文字，图像为彩绘，帛书四周有12个神的图像，每个图像周围有题记神名，在帛书四角有植物枝叶图像。除了出土的文物以外，我们也可以在传世文献中找到将文字书写于布帛的线索。《论语》中说："子张书诸绅。"也就是说子张把孔子说的一些话记录在丝织品上。《风俗通义》上也说："汉刘向为孝成皇帝典校书籍二十余年，皆先竹书，改易刊定，可缮写者，以上素也。"意思就是说刘向在整理国家藏书的时候，先将草稿写在竹简上，进一步修订完成后，才誊写在布帛上。东汉末年，董卓乱国，进入都城，跟随的士兵们将帛书抢出来做了帐篷。直到东晋时期，布帛和竹简一样，

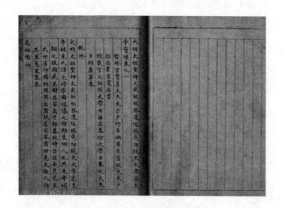

是书籍普遍采用的制作材料。

　　观察现存的帛书，我们会发现，它的形制与竹木简书是非常相似的。首先要在布帛上画出或者织出一定数量的格子，这些格子被称为界行或栏线。黑色的叫做"乌丝栏"，红色的叫做"朱丝栏"，而两道栏线之间形成格子，正是竹木简并排形象的模仿。《后汉书》上说，汉顺帝时候，有人曾经向朝廷进贡《太平清领书》一部，共170卷，史书记载"皆缥白素朱介青首朱目"。就是说进贡的书是在白色的布帛上写着黑色的字，文字分行，之间画着朱红的格子作为分界。卷首有青黑色的绫子，绫子上再用红笔写上划分段落的小标题。可见，那时候的帛书在设计上是非常精美的。

帛书出现后，由于价格昂贵，所以使用范围并不十分广泛，只是和竹木简一起作为书籍制作材料流行，最后同为纸书所取代。

（二）纸书的问世和流行

我们现在看到的纸是用机器将植物纤维捣碎，做成纸浆，然后通过一系列工序造出来的。用造纸行业的标准来讲，就是必须经过帚化过程的纸才是现在科学概念所描述的纸。

1957年5月8日，灞桥砖瓦厂在取土时，发现了一座西汉武帝时代的古墓，墓中一枚青铜镜上，

垫衬着几层古纸，尚有碎片留存。考古工作者细心地把粘附在铜镜上的纸剔下来，大大小小共八十多片，其中最大的一片长宽各约十厘米，专家们给它定名"灞桥纸"，现陈列在陕西历史博物馆。灞桥纸纸色暗黄，经化验分析，原料主要是大麻，掺有少量苎麻。在显微镜下观察，纸中纤维长度一毫米左右，绝大部分纤维作不规则异向排列，有明显被切断的帚化纤维，说明它在制造过程中经历过被切断、蒸煮、舂捣及抄造等处理手段。虽然质地还比较粗糙，表面也不够平滑，但

无疑是世界上最早的以植物纤维为原料的纸。这一发现，把中国造纸术的发明年代向前推进了两个世纪。

1933年，曾在新疆的罗布淖尔发现西汉古纸。灞桥纸发现后，又在甘肃居延汉代烽塞遗址和陕西扶风中颜村发现了西汉纸。甘肃发现的西汉纸上还留有文字笔迹，这些文字是隶书体的。说明至迟在西汉，人们已用纸来书写文字了。这些西汉古纸中，新疆纸为公元前49年之物，中颜纸和甘肃纸为西汉宣帝、哀帝时代所

造，均迟于灞桥纸。

以上这些考古发现，充分说明了早在蔡伦以前，中国确实已经有了造纸技术。但这种技术还不够成熟，不过有一点可以明确，这些流传下来的造纸技术和纸的实物，对蔡伦改进造纸术有很大的启迪和借鉴作用。

史书上说蔡伦觉得"自古书契多编以竹简，其用缣帛者谓之为纸。缣贵而简重，并不便于人。伦乃造意用树肤、麻头及敝布、渔网以为纸。元兴元年奏上之。

帝善其能，自是莫不从用焉，故天下咸称
蔡侯纸"。史书上的话可以证明纸经过蔡
伦改进以后，质量提高，通行天下。

以往人们都把造纸术发明的功绩
归于蔡伦，直到近年来考古发现了西
汉已经有成品纸后，蔡伦的地位有所动
摇。《东观汉记》中说："蔡伦典尚方，
用树皮为纸，名谷纸；故渔网为纸，名网
纸……"这说明蔡伦扩充了造纸的原料，
改进了造纸技术，提高了造纸工艺。蔡
伦造纸的目的非常明确，就是要努力改
变"自古书契多编以竹简，其用缣帛者谓

之为纸。缯贵而简重，并不便于人"的局面。所以他将以往单用废旧麻丝造纸扩展到用树皮造纸，这样就使得纸的生产规模和生产数量大幅度提高，极大地降低了造纸的成本和使用者的支出，比起早先造纸者没有明确目的的造纸要高明得多。尊蔡伦为纸的发明者与在蔡伦之前就有纸的出现并不矛盾，没有以前的技术积累，蔡伦就不可能在此基础上更进一步。而没有蔡伦意欲扩展造纸原料，提高造纸工艺的理想，纸张不可能降低成本，也无法成为书籍制作普遍采用的原料。毫不夸张地说，人类的文明进程会受到很大的

阻碍。

但是纸普遍作为书籍的制作材料是从什么时候开始的呢? 东汉时期的《风俗通义》记载了这样一件事情: 汉光武帝刘秀在公元25年将都城由长安迁移到洛阳。在迁都过程中, 有专门搬运书籍的车子, "载素、简、纸经凡二千辆"。素是布帛, 简是竹简, 那么纸是我们现在所说的纸吗? 虽然古代也有将布帛称为纸的, 但是前面已经提到布帛了, 按照正常的逻辑, 这里的纸书必定是纸写的书。如果这是事实, 那么中国至少在西汉末年或者东汉初年两汉之交时已经掌握了用纸作为

书的原料这项技术。

特别是等到蔡伦改进了造纸术以后，造纸成本大大降低。用纸来作为书写材料或者书籍制作材料就更加普遍了。《后汉书》记载：蔡文姬受曹操委托率领一些人为曹操抄写书籍，蔡文姬向曹操索要了纸和笔，书抄好后文字无一错误。类似的记述在东汉的史书中还有很多，可见在东汉时期用纸写字已经比较普遍。

曹魏时期，造纸技术更加进步。西晋造出的纸帚化程度已高达70%，非常接近后来机器造的纸。这时候，纸成为书写材料的主流。布帛、竹简

已经渐行渐远。著名书法家王羲之曾经
向谢安索要纸张，谢安非常慷慨地将库
存的九万张纸都给了他。一位史官向朝
廷请求将库存的三万多张纸拨出四百张
用来记录皇帝的言行。曹魏的官府藏书
有四千多卷，到了东晋时期，官府藏书近
三万卷，私人藏书也逐渐多起来。种种
事实表明，纸的用量已经非常大了。到了
东晋末年，桓玄掌握朝中大权，他索性下
令停止使用竹木简而代以纸张。从此以
后，纸张书写的书籍飞速发展，盛行于天
下。清光绪二十六年（1900年），王圆箓在莫高窟甬道偶然发现藏经洞，其后西方探险家斯坦因、伯希和、大谷探险队、奥登堡接踵而至，大批珍品被捆载而去。这些书籍最早的写于公元3世纪的西晋时期，其中最多的是唐朝到五代的书籍。这表明从晋到五代时期，即3世纪到10世纪是我国手写书籍快速发展并达到鼎盛的时期。而进入宋代，雕版印刷的书籍才大量出现，因采用雕版印刷，纸张就成为制作书籍的唯一材料了。特别是毕昇改进了印刷术以后，印刷的书籍就更加通行了。

四、书籍的制
作方法

　　书籍的生产方法就是书籍的制作方法，和书籍的制作材料一样，各个历史时期，其制作方式有很大不同。我们知道书籍的制作并不是一开始就用雕版或者活字印刷的。印刷术之于书籍的制作方法正如纸张之于书籍的制作材料一样，也是一个非常重要的分水岭。因此看书籍的制作方法，也就可以将印刷书籍作为断限，分开考察书籍的生产方法。

（一）印制书籍问世前的生产方法

我国古代的印制书籍大约从唐代就有了，五代时期技术已经相当成熟，到了宋代已经非常兴盛。但是在唐代印刷术出现以前，中国古代书籍的制作方法主要是根据书籍的制作材料不同而采用相应的方法。

我们讲书籍的制作材料时，首先接触的是龟甲和兽骨，从出土的甲骨文来看，文字是用刀刻上去的。之所以用刀

刻，主要是因为甲骨这种材料的质地比较坚硬，而且墨水写在上面保存的时间不能久远。甲骨的面积也不是很大，除掉占卜时形成的裂纹，空间更是所剩无几。用刀刻的话就有很多优点了：刀刻的字迹能保持久远，笔画又能保持匀称，线条较细，在有限的空间上能写出较多的文字。陕西周原出土的周代甲骨，需要五倍的放大镜才能看清楚字迹。

初期的书籍也有刻铸在青铜器皿上的，现存的青铜器铭文一般有两种形式：

一种是阳文，字是高于器皿表面的，

一种是阴文，字是低于器皿表面的。文字不同，制作方式也不相同，阴文是怎样出现在青铜器皿上的，目前尚无定论，有的专家认为是铸在上面的，有的专家则认为是刻写在上面的。在青铜器上铸造阳文，事前就要有周密的计划，一个青铜器上需要写多少字，每个字有多大，这都是需要认真考虑的，这点非常类似今天的排版。作为浇注青铜器的模子要求是非常高的，模子内壁的真迹必须是凹陷进去的阴文反字，浇注出来的才能是我们看到的凸起的阳文正字。于是，疑问出现了，模子内壁上的阴文反字是如何制作出来的呢？我们现代人手刻图章的时候一般采用正写、反贴，然后勾勒出来反字的轮廓，进而刻字。古人是否掌握了这个方

法呢？考古学家根据青铜器中相同字的字形近乎相同而推断：模子内壁的阴文反字很可能是用事先做好的阳文正字挤压而成的。如果这种假设能够成立的话，可以推断我们的祖先很早就掌握了制造活字的原理了，只是制造活字的技术并没有用到印刷上，而是为了满足铸造青铜器铭文的需要。

再有就是早期刻在石质材料上的文字了。中国古代将文字刻写在玉片、石鼓、石片上是司空见惯的。这些石质材料上的文字有的是用笔书写出来的，有的是用刀刻写出来的。书写的石质文书，现在我们知道的就是出土于山西侯马的盟书。这些盟书都是用红色或者黑色墨水书写在玉石片上的。为什么这些文字是书写上去的呢？考古专家对此进行了大胆的猜测：春秋晚期，社会动荡，诸侯之间征伐不断，结盟也屡见不鲜。结盟一般都是有一些紧急的事情，而且结盟的信物——盟书要一式两份，一份放置于盟府，作为证据；另一份埋藏于地下或者沉到河里，以示由大地作证，永不毁盟。事情紧急，又要两份，刀刻可能无法满足急需，索性手写。但手写的石质文书毕竟是少数，从流传下来的石质文书来看，绝大部分都是用刀刻的，比如碑文、刻写在石头上的宗教经典、摩崖石刻等等。刻写的这些石质文书一般都是裸露在户外，或者本身就是就地取材依山刻写的。如果这些文字用笔书写出来的话，经过长时期的风吹日晒，字迹往往会模糊不清，甚至是毫无留存。所以古代的石质文书还是首选刻写。

随着正规书籍的出现，甲骨、青铜器皿、玉、石这些材料已经不能满足需要。竹木简渐渐登上历史舞台，成为书籍的主流制作材料。从目前出土的大量竹木简来看，竹木简上的文字基本都是用笔书写出来的。古时有"刀笔吏"的说法，说竹木简是用刀刻写出来的。实际上刀、笔、墨、砚都具备，才能在竹木简上写出字来。这里的刀到底是用来做什么的呢？有的人认为刀是用来刻写文字的，有的人认为，刀具有"橡皮"的作用，现在我们写字一般都备有橡皮，以便改正错误。古人在竹木简上写字时，身旁要备有一把锋利的刀，当竹木简上的字写错了，就及时用刀将错字刮除，然后再将正确的文字写在上面。因此将"刀笔"放在一起理解，认为是用刀替代笔，是不对的。唐代张守节撰写的《史记正义》中说："古用简牍，书有错谬，以刀削之，故号曰刀笔

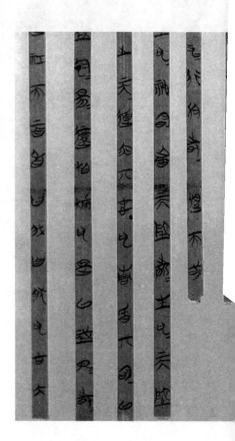

吏。"这句话的意思就是, 古代的时候人们用竹木简写字, 有书写错误的时候, 用刀将错字削去。

与竹木简同时存在的还有用丝织品作为书籍制作材料的, 这种丝织品被称为帛。以这种材料制作书籍, 文字不是铸造、刻写, 而一定是用笔书写。1973年, 湖南长沙马王堆出土了帛书, 这些帛书放在一涂漆木匣中, 分写在整幅帛上的和写在半幅帛上的两种。内容包括战国至西汉初期政治、军事、思想、文化及科学等各方面, 有重要学术价值, 又可作为校勘传世古籍的依据。它不仅是研究历史的第一手资料, 也为研究汉代书法及书法演变、发展提供了珍贵的依据。现今留存的汉代书法, 大部分都是石质材料的刻石。这份帛书让我们一睹汉代墨迹, 实为幸事。因没有经过人为的修饰刻凿和传拓的因素, 让我们清楚地认识了"古隶"的本来面目。其书风古朴、自然, 笔墨饱满流畅。

用笔已规范化，挑笔形成了特色，字体富于变化，错落有致而又气脉贯通。

稍后出现的纸张，不仅改变了竹木简使用笨重和布帛成本昂贵的现象，而且纸张更适合用笔蘸墨水书写，自汉代以来，纸书有很多都是用笔抄写而成的。自唐以后，纸张也成为雕版印刷和活字印刷的重要材料。

（二）印制书籍的出现和发展

中国是拥有四大发明的文明古国，印刷术对世界文明的进步和发展作出了不可磨灭的贡献。我国的雕版印刷术在唐代就已经出现了，藏于大英博物馆的《金刚经》是现存最早的雕版印刷品。从藏品来看，当时的雕版印刷术已经相当成熟。这部《金刚经》由7张纸组成，长达15.2尺，完整无损。释迦牟尼端坐莲花上，对众僧说法，庄严传神。文字端庄，刀法稳

健，印纸精良，墨色精纯。进入五代，官方已经开始采用雕版印刷术来印制儒家经典，并且出现了私人主持雕版印制自己文集的现象，开创了版本学史上"自刻本"的先河。地方政府和民间雕印的佛经、佛画更是层出不穷。进入宋代，雕版印书成为印制书籍的主流方法。两宋时期，官府、寺院、家塾、道观、祠堂等都竞相刻书。刻书之多，规模之大，流通之广，刻板之精，都是前所未有的。

雕版印刷书籍与手抄书籍相比已经是莫大的进步了。只需雕刻一套版，印制

的数量就可以随心所欲了。但是雕版印书只能是印制一种书籍就雕刻一套这种书籍专用的版，因此劳师费神，成本还过高。特别是两宋时期，书籍印制数量急剧增加，雕版印书的缺点亟待解决，怎样才能让印版一版多用呢？北宋庆历年间（1041—1048年），平民毕昇发明的活字印刷术圆满地解决了这个问题。

沈括在《梦溪笔谈》中详细记录了活字印刷术的发明：

"版印书籍，唐人尚未盛为之。自冯瀛王始印五经，已后典籍，皆为版本。庆

历中，有布衣毕昇，又为活版。其法用胶泥刻字，薄如钱唇，每字为一印，火烧令坚。先设一铁板，其上以松脂、腊和纸灰之类冒之。欲印则以一铁范置铁板上，乃密布字印。满铁范为一板，持就火炀之，药稍熔，则以一平板按其面，则字平如砥。若止印三二本，未为简易；若印数十百千本，而极为神速。常作二铁板，一板印刷，一板已自布字。此印者才毕，则第二板已具。更互用之，瞬息可就。每一字皆有数印，如之、也等字，每字有二十余印，以备一板内有重复者。不用则以纸贴之，每韵为一贴，木格贮之。有奇字素无备者，旋刻之，以草火烧，瞬息可成。不以木为之者，木理有疏密，沾水则高下不平，兼与药相粘，不可取。不若燔土，用讫再火令药熔，以手拂之，其印自落，殊不沾污。昇死，其印为余群从所得，至今保藏。"

这段文字对活字印刷术的介绍是非常全面的：制字、排版、常用字挑选、生僻字临时制作、收藏方法等都涉及到了。毕昇发明的活字从原理上讲已经和现代排字印书的基础非常接近了。直到四百多年以后，德国的古登堡方采用活字印书。

进入元代，在泥活字原理的基础上，王臻又试制成了木活字，并且改进了选字手段，采用转轮选字，极大地提高了工作效率。与此同时，少数民族文的木活字也被制作成功，现存的有西夏文和回鹘文的。回鹘文与汉字不同，它不是方块文字，词组的字母构成不同，词组的长短也

不一样，因而要求木活字的长短也不一致。长短不一的木活字对排版的要求就更高了。但是元代初年已经掌握了这种复杂的工艺，这为后世拼音文字的排版奠定了坚实的基础。

到了明代，木活字已经普及到江南地区。明朝用木活字印制的书籍可考的有百余种。到了明末，朝廷发布的朝报，也改用木活字印书了。清代，木活字已经通行全国，朝廷、官衙、书院都自备木活字以方便印制书籍。乾隆年间，用木活字印制的《武英殿聚珍版丛书》收录图书134种，是我国历史上最大的一次木活字印书工程。

金属也可以用来制作印刷使用的活字，这些金属一般有铜、锡、铅等。铜活字使用得比较广泛，大约在15世纪明朝弘治年间在江南就已经出现铜活字排版印刷的书籍了。清雍正年间，用铜活字排版印刷的《古今图书集成》多达一万卷，仅目录就有四十卷之多。

用锡作为活字印书，可能在元代就已经出现了，只是现在尚未见到当时的锡活字印刷品。清代，广东佛山曾一次性造锡活字二十余万个，用来印制马端临的《文献通考》。清朝晚期，西方铅字排版技术传至中国，中国书籍的制作方法也与世界接轨，开始采用铅活字。当今世界，激光照排等新方法不断出现，书籍生产技术面临着极大的机遇和挑战，作为毕昇的后代，还有许多新的印刷技术等待我们发明和创造。

五、书籍的装
帧形制

　　我们伟大的祖先具有卓越的审美眼光和超群的艺术眼光，很早就能将日用品的实用价值和艺术价值结合起来。书籍的生产过程中，同样也展示了我国古代劳动人民的创造力。书籍的装帧技术，包括版面设计、插图艺术以及装帧形制，更是书籍实用价值和艺术价值的完美体现。

(一) 中国古代图书的版面设计

初期出现的甲骨文,当然难以说出它的设计艺术。稍晚出现的青铜器本身就是非常高雅的艺术品,再加上刻铸的铭文,可以说每件青铜器都是难得的精品。再后来出现的帛书的边沿都会加上彩色边栏。有红色或者黑色的,非常赏心悦目。

印刷书籍出现以后,特别是到了宋代,印刷术在毕昇的改进下,效率更高,印刷书籍不再需要边栏,也可以做到整齐有序,但总不如有边栏那样美观。从宋到清,书籍的边栏大致分为四周单边、四周双边和左右双边几种。四周单边的书籍,文字四周的边框有一道粗黑的边线。四周双边的书籍,就是在单边的基础上,粗黑线内再加上一条细黑线。左右双边的,就是在左右边栏内侧,各有一道细直线。这几种情况成为中国古代印刷书籍的基本形式。看上去端庄肃穆，本身就是一种美。

到了明代，市民阶层出现，迎合市民趣味的文学样式大量出现，为了迎合读者口味，书商们又在边栏和版面上大做文章，出现了花栏和点板等形式。有花栏的书四周不再是简单的黑线，而是在两条有距离的细线中加上若干花纹。这些花纹也各式各样，有花草纹、云龙纹等等。所谓点板，就是雕版时随文刻出名人对这段文字的点评，提醒作者注意和帮助读者阅读，也产生了一定的艺术效果。除此以外书上还有版口等装饰。

总的说来，中国古代书籍的版面设计是以庄重美观为主的，实用性和艺术性都不缺乏，因而成为后世收藏家追逐的对象。

(二)中国古代图书的装帧类别

中国古代书籍的装帧形式的演变和书籍采用的制作材料、制作方法，对便于翻阅、便于保护等方面的影响很大。我们今天看到的甲骨文都是成片散落的，但是据考古学家考证，在甲骨片中央位钻有一些小孔，这些小孔正是用来串联甲骨片的。正规书籍产生以后，书籍的制作材料先后有木简、布帛、纸张等。制作方法是先手写然后印刷，因此正规书籍的装订形式也尽量满足这样的变化。先后出现并投入使用的装订形式有简策、帛书卷子装、纸书卷轴装、经折装、旋风装、蝴蝶装、包背装、线装等诸多形式。每种装帧形制的出现、流行和演变，都有其各自不同的历史文化背景。了解它们的演变，是非常有趣的话题。

1. 简策

"简策"，就是把竹简、木简编辑成册的意思。"策"和"册"同义。从古文字来看，"册"是个象形字，就好像是用绳子穿好的竹木简。

古人编简成册有两种方式：一是在

竹木简上边沿钻孔后，用绳子串联；另一种是根据简片的长短，用两道或三道绳子横穿简片让简片成册。

为了保护简片上的文字不受到外力的磨损，古人编简时还会在正文右边留下一片空白的简片，叫做"赘简"，相当于今天书籍的封面和扉页，赘简的背面一般会写上书籍的名称。一般上端写篇名，下端写书名。因为古人写竹简的时候常常是以篇为单位编简成册的。阅读的人也常常是先查找篇名，然后找到自己所需要的内容。古代的典籍一般一书有多篇，如《孟子》就是由七篇组成的。如果不知道需要的内容在哪一篇，那就无从查找，所以古人是非常注重篇名的，篇名写在上端，非常醒目；而书名写在下端，又可以马上知晓这一篇文章属于哪本书。这样的形制在历史上的影响非常深远，直至宋代，印刷的书籍卷首上仍然有大题在上、小题在下的情况存在。其实，小题就是篇名，大题就是书名。很明显，这是简册形制的遗存。

简册在写完或者阅读过后，都可以以最后一根简片为轴，像卷竹帘子一样卷起。很多简册出土时，都保持着简册收起的样子。卷起的简册需要捆好，然后放入布袋、木匣或者编就的筐中。后世出现的书箱、书柜正是从布袋这些最早用来装竹简的盛具演变而来的。

2. 帛书卷子装

帛，是古代的丝织品，根据《墨子》这本书中有"书之竹帛"的记载，和对出土文物的鉴别，我们可以得知帛用来制作书籍最晚出现在春秋战国时。

从出土的帛书可知，帛书一般在四周有边栏，这些边栏有的是用丝织成的，有的是用笔画的。黑色的称为"乌丝栏"，红色称为"朱丝栏"。也许我们会有疑问了：没有这些栏格，不照样可以把字写得

很整齐？这恐怕正与我们前面所讲的简册有关系，这是简册上下编绳的模仿。由此我们可以大致断定，帛书的出现应略晚于简册。

由于帛书的质地非常柔软，它的装帧就更加多样化了：既可以折叠，也可以卷收。长沙马王堆出土的帛书上，用一个竹片粘在帛书的末尾，以竹片为中心，将帛书卷起来，这和以后出现的卷轴装是非常相似的。

但是布帛的成本实在太高了，在当时仅仅用于皇室和贵族书写重要文稿，所以帛书的流行范围是非常小的。

3. 纸书卷轴装

现在我们知道，纸在西汉时期就已经出现了，甘肃放马滩出土的纸制地图就是明证。但是人们用纸制作书籍则要到东汉时期了。

纸作为生产书籍的材料，有更大的优点：它像布帛一样柔软，比布帛更加容易根据人的意愿成形。纸书出现后，并没有马上成为我们现今看到的册页的样子，而是沿用了以往简册、帛书卷子装的形制，成为纸书卷轴装，在长达800年的时间里一直是非常流行的。

20世纪初，敦煌莫高窟藏经洞出土的大批遗书中，主要都是手写的佛经，这些佛经产生的时代从东晋到北宋，它们证明了唐五代及以前的纸书普遍流行的装帧形式是卷轴装。

现在我们通常用"开"来描述纸张的大小，比如16开、32开等。但是在中国历史上，历代的纸张大小规格并不一样。内容多的文字，用多张纸才能容纳，写完后，按顺序粘接成一幅长条，也可以先粘后写。写完的长条文字，可以从后向前卷起。为了不让纸卷受损，一般会在最后一张纸的最边沿粘上一根圆木棒，然后以木棒为中心，将长纸条卷起来，所以被称为卷轴。轴的长度会比纸的高度略大，这

样当长卷保存时，也可以保护典籍。

在古代，卷轴装也有简装和精装的区别。史书上记载：隋炀帝即位后，国家珍藏的图书，好的用红琉璃做轴，一般的用刷过漆的木轴。而到了唐代，除了对卷轴做分类以外，还要在轴的旁边加上不同颜色的标签，这些标签正是图书类别的标记。

4.经折装

经折装也叫"折子装"，这样的装帧方式可能是从折叠佛经的方式得名的。唐朝时期，由于统治者在宗教上采取了兼收并蓄的政策，佛教有了一个较快的发展，僧尼诵经时要正襟危坐以表示态度虔诚，而卷轴装的书有一个缺点：就是卷久了，再打开阅读时，经卷就会经常从左右两个方向向中央卷起，影响阅读。因此流行已久的卷轴装需要改进了，经折装就产生了。

那么经折装是什么样的呢？所谓经折装就是将长卷的佛经，从头至尾按照一定的宽度左右折叠，其中每一叠都是矩形的。然后在前后都粘上一张厚纸作为保护内文的封皮。此后，用这样的形制装帧图书的，无论是不是佛经都称为"经折装"。

5. 旋风装

旋风装这种装帧形制的出现与唐代诗歌的发展，特别是近体诗的发展有密切关系。我们知道近体诗创作有非常严格的要求：遵守韵律的规定，遣词造句、运用典故要典雅有致，因而规定这类标准的韵书需求量大增。韵书实际像词典一样属于工具书，需要随时查阅。于是就需要便于查阅的装帧形制，这就是旋风装。旋风装有自己的独特形态，但是并没

有完全摆脱卷轴装的模式，它是对卷轴装的一种改进，是卷轴装向册页装进化的过渡形式。

6. 梵夹装

关于梵夹装过去一直有争议，甚至可以说是纠缠不清。有的人认为"经折装"又可以称为"梵夹装"；有的人认为折叠式的"经折装"叫"旋风装"；甚至《辞海》中也将"梵夹装"和"经折装"看成一种形制。

实际上，梵夹装是古代印度佛经原有的装帧形制，经文写在贝多树叶上，摞成一叠，在前后各夹一个木板，然后穿孔结绳而成。由于是两板相夹，又是梵文书写，故称为梵夹装。

唐代杜宝编写的《大业杂记》中说："新翻经本从外国来，用贝多树叶，形似枇杷树叶而厚大，横作行书，约经多少，缀其一边，

牒牒然，今呼之为梵夹道场。"

这种形制的佛经在东汉明帝时就传入中国，但显然不适合中国国情，流传不广。所以梵夹装只不过是古代曾经出现过的一种外来特定装帧形制，曾在五代一度流行，而非中国古书所固有，应与其他装帧形制区别看待。

7. 蝴蝶装

自唐代雕版印刷术产生后，在宋代，雕版印刷事业得到空前的发展，书籍的大量生产急切地要求装帧形制更加进步。

北宋以后的书籍生产，主要采用的是雕版印刷。雕版印刷与手写书籍不同，手写书籍可根据意愿随意剪裁；而雕版印刷必须将书分成若干版，一版一版地雕刻印刷，成书实际上是以版为单位的，因此用这种方法印制的书籍必须经过装订这道工序。使用以往的装帧形制，需要粘接、手折的工序，这样会浪费很多时间。于是一种适应雕版印刷、方便读者阅

读的"蝴蝶装"应运而生了。

　　蝴蝶装也叫"蝶装",它是用黏合剂将书页彼此粘连后成册的。这种装帧形制的做法大致是这样的:将印制好的书页对折,以折边为书脊,在书脊处用糨糊将书页彼此粘连,然后将硬纸折出与书册厚度相同的折痕,粘在有黏合剂的书脊上,这张硬纸就是书的封面。最后把上下左三面的毛边裁剪整齐,一册蝴蝶装的书就装帧成功了。

　　蝴蝶装适应了雕版和活字印刷的书籍要求一版一页的特点,并且上下左三边向外,有利于保护书中文字,散了以后也

可以重新粘好。正因为有这些优点，这种装帧形制在宋元两代广为流行。《明史》记载：国家收藏的图书很多都是用蝴蝶装装帧的，基本不会被虫食鼠咬，而且这些书是"宋元所遗"，由此可见，宋元时代，这种装帧形制是非常流行的。

8. 包背装

蝴蝶装确实有很多优点，但是所有的事物都有两面性，蝴蝶装在使用时也暴露了很多缺点。蝴蝶装中的书页是反折的，两个半页的文字都是朝向里的。这也造成书页都是单页，每看一版都只能先看没有文字的反面。书脊用糨糊粘连，作为藏书可以，但经常翻阅势必造成书页脱落而散乱。为了改进蝴蝶装的弱点，另一种牢固而便于阅读的装帧形式出现了，叫"包背装"。

包背装一反蝴蝶装倒折书页的做法，将印制好的书页正折，使两个半页的文字相背朝外，在右边沿打眼，用纸绳穿牢，砸平，裁剪右边沿，形成平整的书脊。再用一张厚硬整纸比对书脊的厚度，折好作为封皮，用糨糊粘好包书的脊背，再裁剪上下左三边。这种装帧主要包裹书背，所以称为包背装。

包背装出现在南宋末年，一直到近代流行了几百年。特别是明清时期，政府出资印刷的书籍几乎全是包背装。包背装解决了蝴蝶装翻开书来首页看不到字而且装订不牢的毛病。但是由于这种装帧仍然是纸绳穿眼装订，厚纸包裹书背，仍然只能满足藏书的需要，经不起频繁翻阅，多

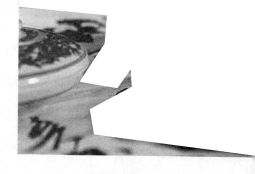

次翻阅仍然无法摆脱掉页散乱的情况。为

了解决这个问题，线装书出现了。

9. 线装

线装是现存古籍最普遍也是最进步

的一种装帧形制，线装书是从什么时候

开始使用的，并无定论。一般认为大约起

源于两宋之交，到明代中叶以后社会文化

更加发展，资本主义萌芽产生，市民阶层

的精神文化生活需求日益提高，书籍的翻

阅、流通更加频繁，线装书盛行起来。

线装书与包背书的区别并不大，主要

是装订时不再用整张硬纸包裹书背，而是改用两张，纸绳穿订之外还加线订紧，所以不但美观大方、便于翻阅，还牢固不易散落。

直到今天，用毛边纸、宣纸影印的古籍，其装帧还是常常采用这种形制，看起来显得庄重大方，古朴典雅。

10. 毛装

接下来我们要说的这种装帧形制是比较特殊的，因为它不能算是一种独立的装帧形制。我们无法知晓它什么时候

出现，什么时候退出的历史舞台，但它又真实存在过。

毛装形制在折页和装订的方法上与包背装没有任何区别，只是在书经过装订后，并不裁剪上下左的毛边，也不加装封面，这种毛茬参差而又用纸绳粗装，不要封皮的装帧形制叫做"毛装"，也称为"草装"。

在古代，毛装通常在两种情况下出现：一是政府组织刻印的书籍，特别是清代武英殿刻书籍，通常这些书印就以后都赠送给沈阳故宫、各王府、有功之臣或封疆大吏。因为不知道接受书的人喜欢什么样式的装潢，搭配什么质地的封面合适，所以就毛边发送。如今辽宁省图书馆就藏有沈阳故宫接受赠送的毛边书。宁波的天一阁范氏因编写《四库全书》时进献大量图书有功，乾隆皇帝御赐《古今图书集成》，存放在天一阁的宝书楼上，这些就是两百年前清朝政府刻印的毛装书。

　　还有一种情况就是某位作者写出来的手稿，特别是草稿，作者在写完一章或者一节后，为了不让它们散乱，也常常自己装订起来。因为是临时的，边缘参差，所以也称为毛装，这样的情况一般在清代以至民国以后，在文人中常常出现，如现代著名文学家鲁迅先生的稿本，就有不少采用毛装的形制。

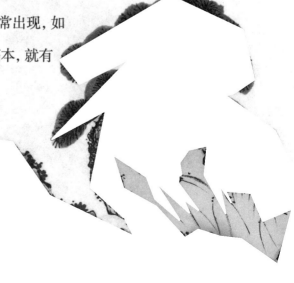

六、书籍的维护
与收藏

　　书籍，特别是正规印制的书籍，自印成以后，摆在人们面前的首要问题就是：如何让它流传下去。若想要书籍流传下去，就要保护好书籍。因为书籍都是书写、刻印在一定材料上的，所以简单地说，历来的图书保护就是对制作材料的保护。从世界范围来看，传统的书籍保护方法无外对书籍材料的加固、脱酸、真空封装。以尽量减少书籍与空气的接触，以

此来减缓书籍的氧化速度，延长它们的传世时间。我们的祖先在长期生产实践中，也积累了一套独特的保护书籍的方法，为我们留下了浩如烟海的典籍。

（一）整理书籍的制作材料

保护图书就是保护书的制作材料，中国人很早就开始在这个问题上进行了有意义的实践。数千年前，当图书的制作材料以竹木片为主时，人们便开始着手为这

些竹木片防腐，当时是将竹片放在火上烘烤，使竹片干燥以达到防腐的效果。当图书制作材料以纸张为主时，人们便设法加工纸张，使之防霉避虫。若图书已经被虫食鼠咬或者霉烂破损时，人们就根据不同情况采用不同的方法来进行维修。

古代流传至今的书籍主要是纸质的，这也让我们清晰地看到了我们祖先对纸书的保护方法，主要有：染潢、涂布、砑光等，这几种工艺相结合，就能使书籍传至久远。

1. 染潢

染潢并不是仅仅满足了对书籍颜色的要求。中国古代根据五行理论，崇尚黄色。所以古代与皇室有关的颜色主要是黄色，衣服、器具、宫殿都是黄色，纸张也是黄色。纸张染黄并非难事，但是如果能在染黄的同时使得书具有香味又能防腐，那就更好了。事实证明，中国人在汉魏时就解决了这个问题。当时人们用黄檗染纸而达到一举三得的目的。黄檗是一种植物，又叫黄柏，可以入药，具有杀虫功效。它的汁液闻着味香，尝着味苦，看着色黄。清香的味道让人开卷爽神，味道苦又让虫子避而远之，而黄色又符合中国古代尚黄的习俗。

在汉代一本叫《释名》的书中，将"潢"字的意思解释为"染纸"。可见在这以前人们已经懂得黄檗的汁液可以用来染纸。从汉代到南北朝时期，人们用三百年的时间积累染潢的经验，在北魏

贾思勰所著的《齐民要术》中对于这种技术已经有了非常细致科学的描述。书中是这样说的："凡打纸欲生，生则坚厚，特宜入潢。凡潢纸灭白便是，不宜太深，深则年久色暗也。入浸蘗熟，即弃滓，直用纯汁，费而无益。蘗熟后，漉滓捣而煮之，布囊压讫，复捣煮之，凡三捣三煮，添和纯汁者，其省四倍，又弥明净。写书，经夏然后入潢，缝不绽解。其新写者，须以熨斗缝缝熨而潢之，不尔，入则零落矣。豆黄特不宜裹，裹则全不入潢矣。"

以上这段话的主要意思是：要采用生纸，生纸因松软吸水适合入潢。染潢的颜色不能太深，否则时间久了纸色发黑。接下来又说了黄檗要三捣三煮，可节省材料，且纸张会显得更加明净。这说明了在南北朝时期我国的染潢技术已经相当成熟了。

李唐以后，染潢技术更加普及。那时候国家规定政府文书、宗教经典必须用黄纸，染潢已经成为一种制度。

国学大师陈寅恪说中国的文化到宋代登峰造极。这时候书籍的印刷也大大超过前代，黄檗染纸已经不能满足日益增长的需要。于是出现了一种椒纸，这是用胡椒、花椒、辣椒的汁液染成的纸，这些植物子粒中的物质有杀虫功效。我们的祖先很早就发现这些植物有这样的特点，战国时期屈原所作《湘夫人》中有"播芳椒兮成堂"一句，意思就是用"芳

椒"抹墙的房子,这样的房子有香气且可以防止虫鼠侵扰。椒纸的主要出产地是福建建阳。那时候,建阳城内,书肆林立,刻家云集,所印书籍行销全国。如果印纸不经处理,影响生意。于是那里的人们用当地常见的胡椒、花椒、辣椒熬水染纸。

明清两代,为了解决南方气候潮湿,书易霉烂的问题,出现了一种叫"万年红"的纸张,这种纸是用红丹为涂料将纸刷红。红丹中的成分比较稳定,不易与其他元素发生反应,而且有毒。明代宋应星《天工开物》详细地介绍了红丹的制作工艺:铅一斤,土硫磺十两,硝石一两。将铅熔化后加醋。沸腾时,

放入硫磺，然后加硝，再加醋。然后像前面一样依次再加入硝石、硫磺。等水熬干了，出现的粉末就是"万年红"。其实"万年红"就是红汞，把它涂在纸上，虫子吃了就相当于吃了铅，铅有毒，因而起到杀虫的作用。"万年红"这种纸时常用来制作书的扉页和内衬等。

通过以上介绍，我们知道了古代中国人为了保护图书，首先注重的就是保护书籍的制作材料，为人类的图书保护作出了突出的贡献。

2. 纸张涂布与砑光

　　涂布是造纸过程中的一道工序，也是一种工艺。造纸的历史实践告诉我们，除了被虫咬发霉等问题外，书籍的纸张也会自然老化、脆化，特别是机器制造的纸张，这个问题尤其严重，尤其这样的纸张再经过阳光暴晒，老化速度更快。那么原因何在呢？因为造纸的原料多为植物树木，其中含有一种叫做果胶酸的物质，果胶酸越多，纸张老化速度越快。现代图书的保护就是要将纸张中的果胶酸尽量减少。脱酸的方法一般是这样的：用低碱度的小苏打水，将手稿书页平整后放入其中浸泡，其实这个过程正是水中的碱和纸张中的酸中和的过程，这样就达到脱酸护书的目的了。世界上比较著名的图书馆都会专门设置一个脱酸室，放置一些年代较久远的书籍，室内冲入低碱性气体，利用气体的扩散，使酸碱中和。中国古人虽然不懂得这种现代科学道理，但是仍然能将书中的酸脱掉，一样能让书籍"长生不老"。中国的造纸技术在相当长的一段时间里都是非常先进的，工艺也很复杂，纸的原料，比如麻丝、皮子、竹木等，都要先经过沤、泡、蒸、煮几个环节。这样植物纤维中的果胶酸已经所剩无几了。加上造纸时是人工捣浆的，并没有把纸中的纤维捣得粉碎。这些纤维较长，所以之间的拉力较大。不像现代机器造纸，纸中的纤维大多呈颗粒状，彼此间拉力较小。所以中国的纸张寿命是很长的。

　　还有一种方法也能延长纸的寿命。我们知道，纸张刚刚造出后，像海绵一样，中间有很多空隙，质地松弛，一着墨，墨会向四周迅速扩散，这样写出来的字根本不成样子。所以新造纸经过烘干后，还要砑光。什么是砑光呢？砑光就是用表面光滑且重量较大的石滚轧过纸面，纸就变得结构紧贴、质地细密、表面光滑，而且也增加了纸的韧度。这样

的话, 纸就更适宜书写了。

前面我们所说的入潢处理时使用的黄檗含有碱性物质, 经过沤、泡、蒸、煮, 加上入潢、砑光、涂布等工序, 防虫、耐老化的目的就完全达到了, 或许我们的祖先并没有对这些工序中展示的科学道理有清醒的认识, 但是工艺方面已经非常成熟了。今天我们惊奇地发现: 莫高窟出土的大量敦煌遗书, 虽历经千年, 看上去还是如新纸一般。

(二) 书的典藏与保管

前面我们说了, 经过大量工序, 书籍可以达到防治虫食鼠咬、纸张老化, 但是纸张再好, 如果读书人不知道爱惜, 随意折叠, 胡乱置放, 常年不理的话, 再好的纸张也经不住折腾。所以我们还要加强对图书的典藏和保管, 在这方面, 古人的做法也是非常值得称道的。

1. 藏书保管

中国古代，无论政府还是私人，历来有藏书的传统。既然收藏书籍，就必须保管书籍。中国幅员辽阔，南北气候差异甚大，如何根据当地气候特点，采取相应有效措施，保护好藏书，是非常重要的事情。总的来说，古人一般采用的方法是：库房通风、定期晾晒、撒药防虫、制作匣套等。

我们都知道新疆吐鲁番盛产葡萄，而葡萄干就是在风房中去湿干燥的。书的通风与葡萄干的晾晒很相似。《五杂俎》中说："书之置顿处要通风。"《藏书十约》中也说"宜四方开窗通风，兼引朝阳入室。遇东风生虫之候，闭其东窗。窗橱俱宜常开，楼居尤贵高敞"。

关于晾书，古人也说得好。贾思勰的《齐民要术》中说："五月湿热，蠹虫将生，书经夏不伸展者，必生虫也。五月十五日以后，七月二十日以前，必须三度

舒而展之……暴书，令书色暍。热卷，生虫弥速。阴雨润气，尤须避之。"意思是说五月到七月这段时间，天气很热，书容易生虫子。书页必须要舒展在通风处，而且不能在太阳下暴晒，这样书容易退色。阴雨天天气湿润，更要注意保护。

我们现在一般在藏书的柜子中都要放置些樟脑，这样可以防止虫损图书。古代人很早就有比较好的办法。《齐民要术》中说："书橱中欲得安麝香、木瓜，令蠹虫不生。"《类说》记载："古人藏书，

避虫用芸。"就是说这种叫做"芸"的草药可以防虫。用芸草防虫的,可以在书库中放置,也可以将干芸草点燃。后来也有将荷花、艾草、烟叶等这些能挥发气味的植物放入书橱的,但是都不如芸草效果好。以致古人将藏书库命名为芸阁,将书命名为芸编等等。

也有给书"穿衣服"的,就是给书安皮装套。这样能保护图书不受损害,而且也很美观,能够显示书的品位。有衣和无衣的,就像今天书籍的精装和平装一样,普通的书籍容易卷角破裂，直至伤及内文。精装的自然不会磨损书角而且庄重、大方。

为了进一步保护图书，除了装书衣以外，古人还给书做书函和书盒。这样可以防尘、防潮、防晒，长期保存也可以让书保持完好。书函最早是包裹竹木简的，以后虽然纸书代替了竹木简，但是卷轴装的形制与简册还非常相似，所以用布套或者竹木筐收藏还是十分好的方法。当书籍以册页式样为主的时候，书函和书盒就兴盛起来了。

比书函更讲究的就是木质书盒。古人给书做盒子，选取的材料也有很多讲究，有用檀木的，有用楠木的，还有用樟木的。最好的是楠木和樟木互相配合做成的盒子。楠木较轻，木纹漂亮，还可以防潮。樟木有清香的味道，也可以防虫。这样美观、防虫、防潮一举三得。

2. 藏书的维修

　　不管制作书籍的材料如何，总不能避免水浸、破损、虫蛀、霉烂。为了延长书的使用寿命，就需要对已经破坏的书籍进行修补。古人一般通过补洞、粘裂、镶衬、托裱、去污等程序和方法来完成对书的修补的。

　　修补书页是古书修复中最基本的供需，补洞、粘裂、镶衬、托裱等其实都是在修补书页。有的古书经过长期保存，被虫子蛀蚀，就有蛀洞。修补这些蛀洞要将书页打开，朝向没有字的那一面，一手持薄纸，一手拿蘸有糨糊的小刷子。将薄纸铺在蛀洞上，用小刷子将比蛀洞大一点的范围的薄纸上刷匀糨糊。马上用中指按住湿润的部分，将纸拉回，湿润的那一小块就粘在蛀洞上了。如果蛀洞实在太多了，就可以将与书页大小一致的整张薄纸敷于无字那一面，这叫托裱。

　　图书在流传过程中，不可避免地会被油脂、墨水等污损，这就要求去污。去

污的方法有洗书、冲水、漂洗等。洗书的时候，将适量碱水加入铁锅中煮沸，将书页放在锅里来回摆动。冲水则是将木板斜置于容器中，将书页放在木板上，用事先煮沸的碱水冲洗。也可以用漂白粉漂洗书籍，也能达到去污的目的。

很多书籍经过高手修复后，可以完好如初。古书的维修可以称为一门技术，这门技术经过长期实践，不断完善。为图书，特别是古籍的修复和保护作出了巨大的贡献。